AF602798

PRÉFECTURE DE LA HAUTE-SAVOIE

SOINS

AUX

VICTIMES DE LA GUERRE

Décret du 25 Octobre 1922

MODIFIÉ

par Décret du 8 Juillet 1924

1925

IMPRIMERIE COOPÉRATIVE OUVRIÈRE " L'ABEILLE "
ANNECY

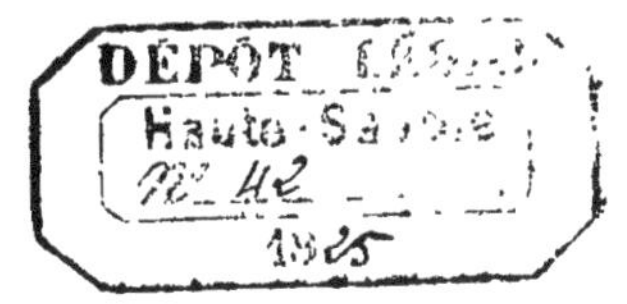

MODIFICATIONS

apportées au Décret du 25 Octobre 1922

PAR

le Décret du 8 Juillet 1924

LE PRÉSIDENT DE LA RÉPUBLIQUE FRANÇAISE,

Sur le rapport du Président du Conseil, ministre des Affaires étrangères, du ministre des Colonies, du ministre de l'Intérieur, du ministre des Pensions, du ministre du Travail et de l'Hygiène et du ministre des Finances ;

Vu l'article 64 de la loi du 31 mars 1919 ;
Vu la loi du 7 septembre 1919 ;
Vu la loi du 21 juillet 1922 ;
Vu la loi du 30 mars 1923, article 22 ;
Vu le décret du 10 août 1920 ;
Vu le décret du 25 octobre 1922, déterminant les tarifs applicables au titre de l'article 64 de la loi du 31 mars 1919 sur les pensions ;
Vu le décret du 8 juillet 1924,

Décrète :

TITRE Ier

Organisation des soins

CHAPITRE Ier.

ÉTABLISSEMENT DES LISTES SPÉCIALES DES BÉNÉFICIAIRES DE LA LOI DU 31 MARS 1919.

ARTICLE 1er. — Tout bénéficiaire de la loi du 31 mars 1919 qui entend recourir aux soins médicaux, chirurgicaux et pharmaceutiques gratuits institués par l'article 64 de ladite loi pour les accidents ou complications de la blessure ou de la maladie contractée ou aggravée en service, et qui a motivé sa pension, adresse une demande à la mairie de la commune où il réside en vue de se faire inscrire sur les listes spéciales prévues par l'article 64 sus-visé.

Il déclare en même temps qu'il n'a pas demandé à recevoir, d'une des sociétés énumérées au paragraphe 8 de la l'article 64, les soins gratuits qui lui sont dus aux termes du même article.

Au cas où une demande faite par lui à l'une des sociétés susvisées n'aurait pas été admise, il en fait également la déclaration.

Art. 2. — L'inscription sur la liste spéciale n'exclut pas l'inscription, s'il y a lieu, sur les listes d'assistance médicale prévues par la loi du 15 juillet 1893 ou par les lois et décrets régissant l'assistance médicale dans les colonies et pays de protectorat.

Art. 3. — Toute notification à un militaire ou marin de l'arrêté lui concédant une pension pour blessure reçue ou maladie contractée ou aggravée en service doit contenir les mentions relatives à la nature et à la description de la blessure ou de la maladie qui a donné lieu à pension.

A cette notification est annexée une copie certifiée conforme des mentions énoncées au paragraphe précédent.

Art. 4. — La liste spéciale prévue à l'article 64 de la loi du 31 mars 1919 est divisée en deux parties : liste permanente, liste provisoire.

Art. 5. — La première section de la liste permanente comprend les noms des titulaires de pensions définitives ou temporaires.

La demande d'inscription doit être accompagné de la pièce prévue au second paragraphe de l'article 3 ci-dessus. *Cette pièce reste annexée à la liste.*

La seconde section comprend les noms des anciens titulaires d'une pension temporaire qui a été supprimée sans conversion en pension définitive.

Art. 6, *modifié.* — La liste provisoire comprend les militaires ou marins qui sont en instance de pension et pourvus d'un titre d'allocation provisoire d'attente.

Lorsqu'un marin ou militaire déjà inscrit sur la liste permanente reçoit en raison d'une infirmité nouvelle, un titre d'allocation provisoire d'attente pour l'ensemble de ses infirmités, il est inscrit sur la liste provisoire pour sa nouvelle infirmité seulement et continue à figurer sur la liste permanente pour l'infirmité antérieure.

A l'appui de leur demande d'inscription, ils produisent le certificat modèle 10 prévu par l'article 61 de l'instruction du 31 mai 1920 et copie certifiée conforme de leur titre d'allocation provisoire d'attente.

L'inscription sur la liste provisoire est valable jusqu'à la notification ministérielle accordant ou rejetant la pension.

Dans tous les cas, elle n'est valable que pour un an au maximum, à moins que l'intéressé ne justifie qu'il est toujours en instance de pension ; il devra présenter, à cet effet, un certificat du centre spécial de réforme et son titre d'allocation provisoire d'attente.

Les pièces produites par chaque inscrit devront constituer un dossier et celui-ci devra rester en mairie à l'appui de son inscription.

Art. 7. — Il est délivré à chaque intéressé un récépissé indiquant la section de la liste permanente ou provisoire dans laquelle il demande à être inscrit.

En cas de refus d'inscription par le maire, l'intéressé peut adresser une réclamation au préfet. Il appartient à celui-ci d'ordonner l'inscription s'il juge la réclamation fondée. Sinon, il saisit immédiatement le tribunal départemental des pensions, qui statue.

Copie de la liste est adressée au préfet.

Art. 8. — Le préfet contrôle l'inscription et les mutations sur la liste spéciale. Il la communique périodiquement au trésorier-payeur général et fait effectuer, après vérifications, les redressements nécessaires.

Art. 9. — Le préfet peut, au cas où une inscription lui semble irrégulière ou injustifiée, saisir le tribunal départemental des pensions d'une demande en radiation.

S'il est avisé qu'un ancien militaire ou marin, inscrit à la seconde section de la liste provisoire, a manqué, sans excuse légitime, à deux convocations devant la commission de réforme, il prescrit au maire d'opérer sa radiation.

Art. 10. — Dès qu'il a procédé à l'inscription, le maire délivre à l'intéressé une attestation indiquant la section de la liste permanente ou provisoire sur laquelle il figure et mentionnant la blessure ou maladie qui a donné lieu à pension ou à allocation provisoire d'attente.

Art. 11. — Si la pension temporaire est supprimée en vertu de l'article 7 de la loi du 31 mars 1919, sans être convertie en pension définitive, la décision motivée de suppression est adressée au préfet, qui en envoie copie au maire.

Le maire opère la radiation dans la première section de la liste permanente et procède à l'inscription dans la seconde section de ladite liste, à laquelle la décision mentionnée au paragraphe précédent reste annexée.

Art. 12. *Modifié.* — En cas de changement de résidence, la mutation est inscrite en marge de la liste et donne lieu à un certificat de radiation sur le vu duquel l'inscription est opérée au lieu de la nouvelle résidence.

Les pièces justificatives prévues aux articles 5 et 6 du présent décret sont transmises à la préfecture pour effectuer le changement de résidence.

Si l'intéressé était inscrit sur la liste provisoire, le maire indique sur le certificat de radiation quel est le point de départ et la durée de validité de l'inscription sur ladite liste.

Art. 13. — Le Ministre liquidateur notifie au préfet la décision intervenue sur chacune des demandes de pensions formées par les intéressés résidant dans son département.

Le préfet prescrit au maire de rayer l'intéressé de la liste provisoire et de l'inscrire, s'il y a lieu, sur la liste permanente.

CHAPITRE II.

SOINS AUX MALADES NON HOSPITALISÉS.

Art. 14, *modifié.* — Tout bénéficiaire de l'article 64 de la loi du 31 mars 1919 reçoit un carnet à souches, établi en son nom.

Les bénéficiaires exclusivement inscrits sur la liste permanente reçoivent un carnet à feuillets blancs.

Les bénéficiaires exclusivement inscrits sur la liste provisoire reçoivent un carnet à feuillets de couleur.

Les bénéficiaires simultanément inscrits sur la liste permanente et sur la liste provisoire, dans les conditions prévues à l'article 6, dernier paragraphe, reçoivent un carnet à feuillets de couleur pour l'ensemble de leurs infirmités.

Nul bénéficiaire ne peut détenir plus d'un seul carnet.

Les carnets sont utilisables sur toute l'étendue du territoire français, aux colonies et dans les pays de protectorat.

Art. 15. — Ce carnet comprend :

a) Des souches qui restent entre les mains du malade et sur lesquelles sont inscrites les prescriptions médicales ;

b) Des feuilles d'ordonnance détachables sur lesquelles sont écrites, par le médecin, les formules des médicaments ou les produits à délivrer et, s'il y a lieu, les indications légales contenant les toxiques.

Ces feuilles d'ordonnance, qui comprennent, en outre, une colonne pour les prix, constituent les notes justificatives envoyées par les pharmaciens en fin de trimestre à la commission de contrôle, pour le règlement des frais pharmaceutiques ;

c) Des bulletins de visite que le médecin détache et sur lesquels sont notés les actes médicaux accomplis avec les numéros de la nomenclature auxquels ces actes correspondent et, s'il y a lieu, les frais de déplacement. En cas de consultation entre médecins, chacun d'eux détache une de ces fiches sur laquelle il porte la mention : « Consultation avec le docteur X... »

Ces bulletins sont envoyés, par le médecin, en fin de trimestre, à la commission de contrôle prévue ci-après, épinglés à la note d'honoraires.

Art. 16. — Les médecins inscrivent eux-mêmes, et de façon lisible, leur nom et leur adresse sur les souches, feuilles d'ordonnance et bulletins de visite et le cas échéant, la mention de leur spécialité.

Art. 17. — Quand un médecin voit un malade pour la première fois, au lieu de conserver le bulletin de visite détaché du carnet à souches pour l'épingler en fin de trimestre à sa note d'honoraires, il l'adresse immédiatement à la commission de contrôle (en indiquant son nom et son adresse très lisiblement). En fin de trimestre, il signale sur sa note d'honoraires les bulletins ainsi envoyés.

Les mêmes prescriptions sont applicables chaque fois qu'un malade change de médecin, c'est-à-dire chaque fois que le médecin constate, en établissant son bulletin de visite, que la souche précédente ne porte pas sa propre signature.

Art. 18. — Lorsqu'au cours du traitement, le médecin traitant estime nécessaire soit la consultation avec un autre médecin, soit l'intervention d'un spécialiste, soit un examen radiologique ou de laboratoire, soit une série de plus de cinq interventions à tarif spécial, il doit en donner avis, dans les vingt-quatre heures à la commission de contrôle.

Art. 19. — Aucune opération mutilante ou de grande chirurgie ne peut être faite, sauf le cas d'urgence, qu'après avis donné six jours à l'avance à la commission de contrôle.

CHAPITRE III.

HOSPITALISATION.

Art. 20, *modifié.* — L'hospitalisation est effectuée dans l'hôpital approprié le plus voisin du domicile du malade ou dans l'établissement privé choisi par lui, l'hospitalisation dans un établissement public ou privé devant s'effectuer exclusiment dans l'étendu du ressort de la faculté de médecine de sa région.

Si le malade est dans le cas d'être soigné dans un sanatorium anti-tuberculeux, l'hospitalisation est effectuée dans le sanatorium approprié le plus proche de son domicile.

Les sanatoriums sur lesquels les mutilés peuvent être dirigés sont les sanatoriums publics, les sanatoriums privés assimilés à des sanatoriums publics et les sanato-privés désignés par la commission tripartite départementale parmi ceux qui auront été agréés par le ministre de l'Hygiène.

Ces dispositions ne s'appliquent ni aux aliénés qui relèvent de l'article 55 de la loi du 31 mars 1919, ni aux anciens militaires pensionnés, envoyés dans des établissements thermaux qui relèvent de la loi du 12 juillet 1873.

Art. 21, *modifié*. — Si l'hospitalisation est jugée nécessaire, le médecin traitant doit le certifier sur un bulletin de visite extrait du carnet et adressé six jours d'avance à la commission de contrôle pour autorisation (sauf les cas d'urgence prévus à l'article suivant).

Le bulletin de visite doit toujours spécifier la nature de l'affection et désigner l'établissement public ou privé choisi par le malade.

Quand un malade demande à être traité soit dans un établissement privé, soit dans un hôpital public autre que celui de sa résidence, il convient de joindre au bulletin de visite adressé à la commission de contrôle une déclaration par laquelle l'établissement en cause déclare accepter le malade.

Quand un malade demande à être traité dans un sanatorium, le bulletin est adressé à la commission de contrôle qui examine si la demande est fondée, tant au point de vue de la loi du 7 septembre 1919 que de l'article 64 de la loi du 31 mars 1919, lorsque la demande est reconnue fondée, la commission saisit le Préfet qui, conformément aux règles fixées par les lois et règlements spéciaux, procède aux formalités d'admission.

Lorsque le malade doit sortir du sanatorium, avis en est donné par le sanatorium quinze jours à l'avance à la commission tripartite départementale qui prend toutes mesures utiles pour transférer, s'il y a lieu, le malade dans un autre établisement hospitalier. Toutefois, en cas de faute disciplinaire grave, le sanatorium peut inviter le malade à sortir immédiatement.

Lorsqu'il y a lieu de maintenir le malade au sanatorium au-delà de six mois, la commission tripartite départementale est appelée par le sanatorium à donner son assentiment à l'occasion de chaque renouvellement trimestriel.

Art. 22, *modifié*. — En cas d'urgence motivée, il est procédé à l'hospitalisation et le bulletin de visite est adressé immédiatement à la commission de contrôle. Ces dispositions ne sont pas applicables au placement dans les sanatoriums.

En fin de trimestre, le médecin signale sur sa note d'honoraires la date d'envoi des bulletins expédiés dans les conditions prévues au présent article et à l'article précédent.

Art. 23. — Si la commission de contrôle estime que les dispositions de l'article 64 de la loi du 31 mars 1919 ne sont pas applicables, elle en informe le maire en l'invitant à rechercher si le malade est en situation de bénéficier des lois et décrets sur l'assistance médicale gratuite ou si les frais d'hospitalisation doivent être supportés par ce dernier.

Dans tous les cas, la décision intervenue doit être notifiée tant au malade qu'à l'administration hospitalière ou à l'établissement intéressé.

Dans le cas où les frais d'hospitalisation ne doivent incomber, ni à l'État, ni à une collectivité, il appartient au malade de se pourvoir devant la commission supérieure de surveillance et de contrôle siégeant au ministère des pensions.

Art. 24, *complété*. — Tout malade hospitalisé dans un établissement public ou privé cesse d'avoir droit pendant la durée de son hospitalisation à l'usage du carnet spécial, qui doit être déposé entre les mains du gestionnaire ou de l'administrateur.

Art. 24 *bis*. — Lorsqu'un bénéficiaire de l'article 64 a besoin de soins en cours de déplacement, les soins sont donnés, contrôlés et payés comme si l'intéressé ressortissait du département où il se trouve.

Toutefois, la commission de contrôle de ce département, dès réception du bulletin de visite que les articles 17 et 21 prescrivent au médecin traitant d'adresser, avise la commission de contrôle du département où l'intéressé est inscrit. Celle-ci répond en faisant connaître si l'intéressé a droit aux soins de l'article 64 pour l'affection en cause.

TITRE II

Surveillance et Contrôle des Soins

CHAPITRE Ier.

COMMISSION DÉPARTEMENTALE.

SECTION I. — *Organisation.*

ART. 25. — La surveillance et le contrôle des soins médicaux et pharmaceutiques sont assurés dans chaque département par une commission composée de 12 membres désignés pour un an :

Quatre représentants de l'Etat ;

Quatre représentants des associations bénéficiaires de la loi du 31 mars 1919 ;

Quatre représentants des syndicats et associations médicaux et pharmaceutiques (soit deux médecins et deux pharmaciens).

ART. 26. — Les représentants de l'Etat sont :

Le Préfet ;

Un représentant désigné par le ministre des Finances ;

Deux représentants désignés par le ministre des Pensions ;

Le Préfet désigne son délégué.

Les ministres des Finances et des Pensions désignent un suppléant pour chacun de leurs représentants.

La commission est présidée par le Préfet ou son délégué. En cas de partage des voix, celle du président est prépondérante.

ART. 27. — Les représentants des associations bénéficiaires de la loi du 31 mars 1919 sont désignés par les mutilés des comités départementaux de mutilés et réformés de guerre parmi les pensionnés bénéficiaires de l'article 64 de la loi du 31 mars 1919. Ne peuvent être désignés comme représentants des associations de bénéficiaires de la loi du 31 mars 1919, les médecins ou les pharmaciens qui donnent des soins ou délivrent des produits au au titre du dit article 64.

ART. 28. — Les représentants des syndicats et associations médicaux et pharmaceutiques sont désignés par les délégués des groupements qui existent dans le département. Ces délégués sont réunis à la diligence du Préfet.

ART. 29. — Les représentants des mutilés et des syndicats et associations médicaux et pharmaceutiques sont nommés pour un an par arrêté préfectoral, sur la proposition de leurs groupements respectifs.

Les représentants suppléants sont désignés en nombre égal à celui des représentants titulaires et selon la même procédure.

Art. 30. — La commission a des attributions administratives et des attributions contentieuses.

Art. 31, *modifié*. — Ses attributions d'ordre administratif sont les suivantes :

1° Elle assure le contrôle des soins dont il sera question aux articles 56 et 57 ;

2° Elle établit chaque année un rapport sur le fonctionnement du service et les améliorations qui peuvent y être apportées et adresse ce rapport au ministre des Pensions qui le communique à la commission supérieure de contrôle;

3° Elle signale au Préfet les abus susceptibles d'entraîner des sanctions ;

Ses attributions d'ordre contentieux sont les suivantes :

1° Elle dresse chaque année la liste des établissements privés qui ont demandé à hospitaliser les bénéficiaires de l'article 64 de la loi du 31 mars 1919 et qu'elle a agréés ;

2° Elle délivre les autorisations prévues au paragraphe premier de l'article 21 en ce qui concerne l'hospitalisation ;

3° Elle vérifie les notes des médecins et des pharmaciens, les mémoires d'hôpitaux, de sanatoriums ou établissements privés, les décomptes des frais de voyage des hospitalisés ; elle apporte à ces notes, mémoires et décomptes, tous les redressements nécessaires ;

4° Elle statue sur les réclamations relatives au transfert des corps.

5° Elle établit chaque année un rapport sur le fonctionnement du service et les améliorations qui peuvent y être apportées et adresse ce rapport au ministre des Pensions qui le communique à la commission supérieure de contrôle.

Art. 32. — La commission statue, en premier ressort, par décision motivée dans le délai d'un mois, sur toutes les contestations auxquelles donnent lieu l'application de l'article 64.

Art. 33. — Le réclamant doit toujours être entendu ou dûment appelé.

Art. 34, *modifié*. — Les décisions d'ordre contentieux de la commission peuvent être déférés par les parties en cause, pendant un délai de deux mois à partir de leur notification, à la commission supérieure prévue à l'article ci-dessus.

Section II. — *Fonctionnement.*

Art. 35. — La commission est présidée par le Préfet ou son délégué ; elle se réunit sur convocation de son président au moins une fois par mois ; en cas de partage des voix, la voix du président est prépondérante.

Art. 36. — La commission désigne chaque année un secrétaire choisi parmi les représentants du corps médical.

Art. 37. — Le secrétaire a pour rôle de mettre en état les affaires soumises à la commission, de prescrire le contrôle direct et d'expédier les affaires courantes.

Art. 38. — La commission constitue deux sous-commissions de contrôle qui se réunissent en session tous les trois mois. La première examine les notes des médecins ainsi que les mémoires d'hôpitaux et d'établissements privés, la deuxième, les notes des pharmaciens. Elles soumettent les résultats de leur examen à la commission de contrôle et formulent, s'il y a lieu, leurs réserves motivées.

Art. 39. — Les deux commissions sont composées chacune de cinq membres.

La première comprend : deux représentants de l'administration, un mutilé, deux médecins.

La seconde comprend : deux représentants de l'administration, un mutilé, un médecin, un pharmacien.

Art. 40. — Dans les départements où le nombre des bénéficiaires de l'article 64 de la loi du 31 mars 1919 est particulièrement élevé, il sera créé plusieurs commissions départementales de contrôle, sur la proposition du Préfet soumise à l'approbation du ministre des Pensions.

Art. 41. — Il est alloué aux membres de la commission et des sous-commissions — à l'exclusion des membres fonctionnaires de l'administration — une somme fixe de 5 francs par heure de présence effective aux séances de la commission et des sous-commissions.

Art. 42. — Il est alloué au secrétaire une indemnité mensuelle fixée dans chaque département par le ministre des Pensions sur la proposition du Préfet dans la limite d'un maximum de 500 francs par mois.

CHAPITRE II.

COMMISSION SUPÉRIEURE.

Art. 43. — Il est institué, au ministère des Pensions, une commision supérieure de surveillance et de contrôle.

Art. 44. — Cette commission est composée de quinze membres désignés de la façon suivante :

Cinq représentants de l'administration, dont trois pour le ministère des Pensions et deux pour le ministère des Finances ;

Cinq représentants des associations centrales de bénéficiaires de la loi du 31 mars 1919 ;

Cinq représentants des syndicats et associations médicaux et pharmaceutiques, soit trois médecins et deux pharmaciens.

Art. 45. — Ces membres sont nommés pour un an, par arrêté du ministre des Pensions, sur la proposition de leurs associations ou administrations respectives. Sont nommés selon la même procédure quinze membres suppléants.

Art 46. — Les représentants des associations centrales de bénéficiaires de la loi du 31 mars 1919 sont désignés par les mutilés, faisant partie de l'Office national des mutilés, parmi des pensionnés bénéficiaires de l'article 64 de la loi du 31 mars 1919, membres des associations centrales. Ne peuvent être désignés comme représentants des associations de bénéficiaires de la loi du 31 mars 1919, les médecins et les pharmaciens qui donnent des soins ou délivrent des produits au titre dudit article 64.

Art. 47. — Les représentants des syndicats et associations médicaux sont désignés par l'Union des syndicats médicaux de France. Les représentants des syndicats et associations pharmaceutiques sont désignés par l'Association générale des syndicats pharmaceutiques de France.

Art. 48, *modifié*. — La commission statue en appel sur toutes les réclamations contre les décisions d'ordre contentieux des commissions départementales. Elle se réunit sur convocation de son président.

Art. 49. — Elle examine le rapport annuel de toutes les commissions départementales et établit un rapport d'ensemble qu'elle soumet au ministre des Pensions.

Art. 50. — La commission est présidée par l'un des représentants du ministère des Pensions à cet effet désigné par le ministre des Pensions. En cas de partage des voix, celle du président est prépondérante.

Art. 51. — Elle désigne chaque année un secrétaire choisi par les membres de la délégation médicale.

Art. 52. — Une allocation est attribuée aux membres de la commission supérieure dans les conditions et suivant le taux prévu pour les membres des commissions départementales. L'indemnité du secrétaire est fixée par le ministre des Pensions dans la limite d'un maximum de 500 francs par mois.

CHAPITRE III.

FONCTIONNEMENT DU CONTRÔLE.

Art. 53, *modifié.* — Les notes d'honoraires des médecins et des pharmaciens doivent parvenir à la commission départementale de contrôle dans les quinze jours qui suivent l'expiration de chaque trimestre. Elles sont établies sous forme de bordereaux récapitulatifs en deux exemplaires auxquels sont annexés les bulletins de visite et feuilles d'ordonnance extraits du carnet spécial et classés par malade.

Les mémoires des hôpitaux, sanatoriums et établissements privés sont également établis en deux expéditions et doivent parvenir à la commission aux mêmes dates.

Art. 54, *modifié.* — Les notes et mémoires sont examinés par les sous-commissions et soumis à la commission qui statue et transmet au Préfet sa décision, laquelle doit être motivée ainsi qu'il a été dit à l'article 32.

Mais, concernant les mémoires contestés, la commission ne doit prendre sa décision qu'après avoir convoqué le créancier pour prendre connaissance de ses explications.

Art. 55, *modifié.* — Si la décision de la commission n'est pas acceptée, soit par le créancier soit par le Préfet, la commission supérieure est saisie dans les conditions fixées à l'article 34.

Art. 56. — Un contrôle médical permanent et direct est assuré par des médecins contrôleurs dont le nombre est arrêté par le ministre des pensions. Ces médecins sont désignés annuellement par le Préfet *sur une liste établie par les soins de la commission de contrôle*, par arrondissement et par spécialité.

Art. 57. — Le contrôle médical permanent et direct consiste dans l'examen du malade par le médecin contrôleur. Cet examen est ordonné exclusivement par la commission de contrôle ou par son secrétaire, agissant au nom de la commission.

Le médecin traitant pourra toujours assister à l'examen du médecin contrôleur et devra être prévenu vingt-quatre heures à l'avance. Il n'aura droit, de ce fait, ni à des frais de déplacement, ni au remboursement d'une visite.

Art 58. — Le médecin contrôleur reçoit une allocation calculée d'après les dispositions de l'article 62 ci-après, à laquelle pourront s'ajouter une indemnité kilométrique et une indemnité de 10 francs pour certificat détaillé.

CHAPITRE IV.

MESURES TRANSITOIRES.

Art. 59. — Les membres des commissions de contrôle départementales et supérieures seront désignés dans le mois qui suivra la publication du présent décret. Leurs pouvoirs prendront fin le 31 décembre 1922. Leurs successeurs pour l'exercice suivant seront désignés dans le courant du mois de décembre 1922.

TITRE III

Tarifs

CHAPITRE Ier

TARIFS DE CONSULTATION ET DE VISITE

Art. 60. — Le prix de la consultation et de la visite médicale, y compris les menues interventions telles que pansements simples, massages, pointes de feu, ventouses, injections hypodermiques, est fixé comme suit :

France :

a) Communes de 5.000 habitants au plus :

Consultation	5 »
Visite	6 »

b) Communes de 5.001 à 100.000 habitants et communes des régions libérées :

Consultation	7 »
Visite	8 »

c) Communes au-dessus de 100.000 habitants :

Département de la Seine et cantons suivants du département de Seine-et-Oise : Versailles, Argenteuil, Marly-le-Roi, Saint Germain-en-Laye, Sèvres, Montmorency, Le Raincy ;

Communes dont la totalité ou la partie la plus importante de la population se trouve située dans une zone de deux kilomètres à partir de la limite administrative des villes de 200.000 habitants et au-dessus :

Consultation	8 »
Visite	10 »

Le tarif applicable est celui qui répond à la population du domicile du bénéficiaire de la loi du 31 mars 1919.

Algérie :

Tarif uniforme :

Consultation	7 »
Visite	8 »

Colonies et pays de protectorat :

Le tarif de la visite et de la consultation sera fixé par décret pris d'accord entre le ministre des Colonies ou des Affaires étrangères et les ministres des Finances et des Pensions, sur proposition des gouverneurs ou résidents généraux.

Art. 61. — Lorsqu'il est procédé à une visite, le bulletin de visite doit faire connaître les motifs qui ont empêché l'intéressé de se transporter chez le médecin.

Art. 62. — Le prix de la visite est majoré de 50 p. 100 lorsqu'il y aura consultation entre deux médecins dans les conditions prévues par l'article 18.

Art. 63. — Le prix de la visite *est doublé* lorsqu'elle doit avoir lieu entre 20 heures et 6 heures, dans les cas d'urgence justifiés par des circonstances spéciales dont il devra être fait mention explicitement sur le bulletin de visite.

CHAPITRE II.

FRAIS DE DÉPLACEMENT DES MÉDECINS.

Art. 64. — Les indemnités de déplacement auxquelles peuvent avoir droit les médecins appelés à donner des soins à domicile sont établies pour la France, les colonies et pays de protectorat, sur la proposition des préfets, gouverneurs ou résidents généraux par arrêtés concertés entre le ministre des Pensions et le ministre des Finances. Les tarifs tiennent compte des régions, parcours et mode de transport.

Le montant total de l'indemnité ne peut, en aucun cas, excéder celle attribuable au médecin ou au spécialiste le plus rapproché.

L'indemnité kilométrique n'est pas allouée lorsque la distance entre le domicile du malade et le domicile du médecin est inférieure à un kilomètre, c'est-à-dire lorsque le parcours ne comporte pas une distance de deux kilomètres, aller et retour.

En ce qui concerne les fractions de kilomètre effectuées au delà du parcours minimum de deux kilomètres, celles égales ou inférieures à 500 mètres ne comportent pas d'indemnité kilométrique, celles supérieures à 500 mètres sont tarifiées comme un kilomètre.

L'indemnité kilométrique n'est pas allouée dans les

limites d'une agglomération, ni dans les communes de 100.000 habitants et au-dessus.

Lorsqu'un médecin visite plusieurs malades échelonnés sur un même parcours, l'indemnité kilométrique n'est décomptée qu'une fois, en tenant compte du parcours effectué. Le montant de l'indemnité est décompté sur le bulletin de visite du malade le plus éloigné avec référence réciproque entre les bulletins de visite des différents malades visités.

CHAPITRE III.

FRAIS PHARMACEUTIQUES.

Art. 65. — Le tarif des produits pharmaceutiques à livrer aux bénéficiaires de l'article 64 de la loi du 31 mars 1919 est établi par arrêté concerté entre le ministre des Pensions et le ministre des Finances après avis d'une commission spéciale de neuf membres comprenant :

Trois représentants de l'administration ;

Trois représentants des associations centrales de bénéficiaires de la loi ;

Trois représentants des syndicats et associations médicaux et pharmaceutiques (soit un médecin et deux pharmaciens).

Ce tarif comporte le prix des examens bactériologiques, analyses et réactions ordonnés par les médecins et pour lesquels on ne pourrait recourir aux laboratoires publics.

CHAPITRE IV.

FRAIS D'HOSPITALISATION.

Art. 66, *modifié*. — Si le malade est admis dans un hôpital public ou dans un sanatorium public ou assimilé, les frais de séjour, de traitement et d'intervention sont remboursés suivant le tarif adopté dans cet hôpital ou dans ce sanatorium.

Lorsqu'un hôpital ou un sanatorium comporte plusieurs tarifs ou comprend des salles civiles et des salles militaires, le tarif adopté est :

Dans les salles civiles le tarif spécial aux malades traités au *compte du département ou des communes ;*

Dans les salles militaires, le tarif spécial aux militaires traités au compte du ministère de la guerre.

Art. 67, *modifié*. — Si le malade est admis dans un établissement privé, les frais dus par l'Etat comprennent :

1° Tous les frais de séjour (alimentation, entretien, régimes spéciaux, etc.) et les soins donnés sous la direction du médecin traitant mais non par lui-même. Ces frais sont réglés suivant le prix des journées des salles civiles de l'hôpital public approprié ou du sanatorium public ou assimilé où le malade se trouve en droit d'être admis d'après les dispositions de l'article 20 ci-dessus.

2° *Le prix des interventions du tarif spécial prévu ci-après* pratiquées par les médecins traitants, par l'administration de l'établissement avec les mémoires afférents aux frais de séjour. *(Circulaire Mlle, n° 12.249 S. M. G. du 26-3-23.*

Pendant toute la durée de l'hospitalisation, aucune visite ou consultation ne peut donner lieu à rémunération, le carnet à souches spécial devant d'ailleurs être retiré au malade conformément aux dispositions de l'article 24.

Art. 68. — Dans le cas exceptionnel où le malade a besoin d'un traitement médical, chirurgical ou de spécialités ne nécessitant pas l'hospitalisation, mais exigeant sa présence dans un centre spécial compris dans le ressort de la faculté de médecine de sa région, sur proposition du médecin traitant et après décision de la commission de contrôle, les frais payés par l'Etat comprennent :

1° Une indemnité journalière égale au prix de journée des salles civiles de l'hôpital public du centre désigné ;

2° Les prix indiqués au tarif ci-après pour l'application du traitement.

CHAPITRE V.

NOMENCLATURE ET TARIF DES INTERVENTIONS MÉDICO-CHIRURGICALES.

Art. 69. — Les petites interventions prévues à l'article 60 sont comprises dans le prix de la visite ou de la consultation.

Art. 70. — Toutes les autres interventions sont tarifées conformément à la nomenclature ci-dessous.

Art. 71. — Pour les interventions de grande chirurgie, la rémunération de toute aide (docteur en médecine ou officier de santé) est fixée à 50 francs pour l'aide (deux aides au maximum).

L'anesthésie locale est comprise dans le prix de l'acte opératoire. Pour toutes les opérations qui comportent l'anesthésie générale, la rachianesthésie ou l'anesthésie régionale, c'est-à-dire celle pratiquée sur les troncs nerveux d'une région, des honoraires seront fixés par un médecin anesthésiste. La rémunération de l'anesthésiste est fixée à 50 francs, plus l'indemnité kilométrique s'il y a lieu.

ART. 72. — Le tarif de l'opération ne comprend que le tarif de l'acte opératoire, pas de cumul, et non les visites ou consultations ou interventions consécutives à cet acte.

ART. 73. — La rétribution des interventions de nuit figurant au tarif chirurgical et de spécialités comporte une majoration de 25 p. 100. Par interventions de nuit, il faut entendre les interventions pratiquées, en cas d'urgence justifiée, entre 20 et 6 heures.

ARTICLE 74. — *Petite chirurgie et chirurgie générale.*

	Fr
Injection de sérum physiologique	20
Injection intra-veineuse médicamenteuse autre que le novarsénobenzol	20
Injection intra-veineuse de sérum physiologique.	25
Injection intra-veineuse de norvarzénobenzol :	
La première	40
Les suivantes.	30
Injection sous-cutanée de sérum antitoxique	20
Injection modificatrice (Colot)	20
Prise de sang pour Wassermann ou analogues.	20
Abcès de fixation comprenant l'incision, l'injection et les pensements consécutifs	50
Hémothérapie (auto ou hétéro)	25
Ponction lombaire	40
Ponction du genou au trocart ou bistouri	60
Ponction d'ascite	40
Ponction de la plèvre évacuatrice.	50
Ponction de la plèvre avec injection d'azote :	
La première.	200
Les autres.	100
Saignée	40
Traitement de l'asphyxie (avec tractions rythmées de la langue, respiration artificielle).	50
Tubage de l'estomac à jeun ou après repas d'épreuve . . .	20
Tubo-gavage	20
Lavage de l'estomac.	20
Irrigation d'une plaie par la méthode de Carrel (chaque fois)	20
Suture simple (1 ou 2 points.	15
Réunion par sutures multiples.	25
Régularisation, épluchage et suture d'une plaie contuse étendue et profonde.	100
Régularisation, épluchage et suture d'une plaie contuse superficielle ou d'une petite plaie de la main et du pied.	40
Pansements multiples sur un même segment de membre ou sur une partie du corps très voisine (autre que doigts et orteils, en cas de plaies très superficielles	15
Pansements spéciaux, prolongés, très compliqués (à soumettre à l'appréciation de la commission de contrôle) de 10 à	30

Ouverture d'abcès superficiels et d'hygroma suppuré . . .	20
Ouverture d'un panaris de la gaine	35
Abcès profonds non viscéraux.	100
Ponction de la vaginale.	30
Ponction de la vaginale avec injection modificatrice. . . .	60
Petite brûlure (surface de un deux doigts).	10
Moyenne brûlure (surface de la paume).	15
Grande brûlure	75
Vaste brûlure.	100
Extraction de corps étrangers profonds ne nécessitant pas localisation radiologique	50
Extraction de corps étrangers profonds nécessitantlocalisation	300
Greffe épidermique Reverdin	30
Cicatrices vicieuses :	
Extirpation simple	40
Extirpation avec autoplastie :	
Par greffe de Thieroch	80
Par méthode française.	400
Par méthode indienne.	400
Par méthode italienne.	800

Interventions sur les vaisseaux et les nerfs.

Hémostase par ligature ou pince à demeure d'un fond d'une plaie	40
Ablation de paquets variqueux et excision d'ulcère	350
Ligature d'artère :	
Radiale, cubitale, humérale, faciale, temporale. . . .	75
Arcades palmaires et plantaires	125
Tibiale, péronière, poplitée, axiliaire.	150
Fémorale sous-clavière.	200
Carotide et aliade externe	250
Anévrysme artériel traumatique :	
Ligature simple	300
Ligature double	500
Extirpation avec ligature.	800
Opération de Matas.	800
Anévrysme artério-veineux traumatique :	
Ligature simple au-dessus	300
Quadruple ligature.	600
Extirpation avec ligature.	800
Suture des deux orifices	1.000
Extirpation avec rétablissement de la continuité par suture ou par greffe	1.200
Suture nerveuse simple.	400
Suture nerveuse avec neuroplastie ou greffe	600
Libération nerveuse	200

Interventions sur les membres.

Fracture :

Doigt, orteuil, métacarpien, métatarsien, côtes, omoplate, sternum	20
Doigt ou métacarpien avec appareillage d'extension continue	50
Clavicule	50
Rotule (sans opération)	60

Fracture du membre supérieur :

Un seul os de l'avant-bras	60
Extrémité inférieure du radius	80
Deux os de l'avant-bras	120
Humérus	120

Fracture du membre inférieur :

Péroné	25
Tibia ou deux os de la jambe ; fracture de Dupuytren.	150
Fémur	150

Opérations sanglantes :

Régularisation, débridement, épluchage d'un foyer de fracture ouverte, avec réduction de la fracture (prix ci-dessus, majoré de 100 p. 100, avec maximum de 600 francs).

Ostéosynthèse, olécrâne	200
Rotule	300
Os longs des membres	400
Toute répétition d'appareils plâtrés ou silicatés des grands segments des membres	50

Réduction de luxations cédant aux méthode non sanglantes :

Phalange, orteil	25
Pouce, maxillaire	50
Poignet	75
Epaule	75
Coude, rotule	100
Cou-de-pied, pied	120
Genou	200
Hanche	250

Réduction des luxations par la méthode sanglante :

Doigts	75
Pouce	100
Coude, épaule, rotule	200
Cou-de-pied, pied	400
Hanche	500

Arthrotomie :

Doigts	35
Poignet, coude, cou-de-pied	150
Hanche, épaule	250
Genou	300
Désarticulation des phalanges ou amputation partielle d'un doigt, ou d'un orteil	50
Désarticulation d'un doit ou d'un orteil	90
Désarticulation d'un doigt ou d'un orteil avec son métacarpien ou métatarsien	150
Désarticulation de plusieurs doigts ou orteils	150
Désarticulation de plusieurs doigt ou orteils avec leurs mécatapiens ou métatarsiens	200
Désarticulation du poignet	300
Amputation de l'avant-bras	300
Désarticulation du coude	300
Amputation du bras	300
Désarticulation de l'épaule	500
Désarticulation partiellelle du pied : Lisfranc-Chopart, etc.	200
Désarticulation tibio-tarsienne	300
Désarticulation tibio-tarsienne avec ostéoplastie (Pigoroff et dérivés)	500
Amputation de jambe	300
Amputation de jambe ostéo-plastique	500
Désarticulation du genou	400
Amputation inter ou supra-condilienne de cuisse (Griti et dérivés	500
Amputation de cuisse	400
Désarticulation de la hanche	500
Extraction d'un séquestre avec ou sans incision des parties molles	100

Extraction d'un séquestre avec trépanation limitée :

Os moyens	200
Os volumineux	400

Evidement osseux étendu :

Os moyens	300
Os volumineux	600
Mobilisation sous anesthésie ou redressement (l'appareil plâtré non compris)	100
Appareil plâtré pour coxalgie	150
Appareil platré pour tumeur blanche du genou immobilisant la hanche et le cou-de-pied	150
Appareil plâtré pour tumeur blanche du genou immobilisant le genou et le cou-de-pied	100
Appareil plâtré pour tumeur blanche du coude, poignet, cou-de-pied	100

Résections diaphysaires étendues :

Os moyens	400
Os volumineux	800
Redressement avec ténotomie (appareil plâtré non compris)	300

Résection sans interposition :

Petites articulations	150
Articulations moyennes	600
Grandes articulations	800
Arthrodèses même prix que la résection correspondante) 600 à	800
Résection avec interposition, nécessitant une intervention complémentaire (prise de *facia lata* ou de cartilage majoration de	150
Arthrotomie du genou pour corps étrangers.	300
Intervention sur les ménisques ou ligaments croisés.	500
Ostéosynthèse pour speudarthrose d'un os de l'avant-bras.	500
De deux os de l'avant-bras	600
De l'humérus	700
De la clavicule	500
Du tibias	700
Du fémur	1.000
Avec greffe osseuse ostéo-périostée, majoration de	100
Avec greffe osseuse segmentaire, majoration de	300

Articulations ballantes :

1° Capsulorraphie, myorraphie, agraphage simple :

Poignet	300
Coude	500
Epaule	500
Tibo-Tarsienne	500
Genou	700
Hanche	800
2° Avec greffe articulaire, majoration de	300

Reconstitutions tendineuses :

Par suture simple	200
Par anastomose	300
Par greffe	400

Intervention sur les moignons :

Raccourcissement de l'os	200
Résection des névromes	200
Recoupe totale avec nouveau lambeau	400

Interventions sur la face, le crâne et la colonne vertébrale

Fracture du maxillaire inférieure, non opérée	30
Compliquée avec opération ou prothèse de contention et non définitive, y compris la pose de l'appareil définitif, mais non sa fourniture	400
Trépanation simple	200
Trépanation avec ouverture de la dure-mère	600
Fermeture des brèches crâniennes étendues, greffes, ostéoplasties, etc	500
Trépanation pour abcès cérébral	800

Pour projectile intra-cranien	800
Pour épilepsie jacksonienne	800
Réduction et contentton avec ou sans appareillage des fractures du bassin ou du râchis . . . 60 à	100
Corset plâtré	150
Laminectomie sans ouverture de la dure-mère	600
Laminectomie avec ouverture de la dure-mère	800

Interventions sur le thorax et l'abdomen.

Empyème	150
Thoracectomie :	
Estlander	400
Au-dessus de trois côtes	600
Projectiles utra-pulmonaire	600
Projectiles intramédiastinaux	800
Taxis	30
Kélotomie ou cure radicale	350
Laparatomie exploratrice, avec intervention sur organes abdominaux	600
Hernies diaphragmatiques	800
Evantrations	600
Anastomoses ou résection du tube digestif	1.000
Anus contre nature et fistules stercrales (par temps)	800
Projectiles intra-abominaux ou intra-pelviens	800
Restoscopie	50
Fistule anale	200

Art. 75. — *Urologie.*

Consultation comprenant l'emploi des instruments usuels de diagnostic spécial et le toucher rectal s'il y a lieu	20
Cathélérisme répété :	
Le premier	20
Les autres	15
Dilatation simple (bougie ou béniqué)	20
Dilatation électrolytique (par séance)	40
Lavage de vessie (y compris le cathétérisme) :	
Le premier	25
Les autres	20
Massage de la prostate	20
Instillations uréthrales ou vésicales	20
Enfumage iodé de la vessie	40
Uréthroscopie et traitement uréthoscopique (cautérisations chimiques, galvaniques ou diatermie)	40
Cystoscopie d'exploration	50
Cathétérisme des uretères	150
Uréthrotomie interne	200
Uréthrotomie externe simple (sans taille hypogastrique)	400

Castration 300
Amputation de la verge 300
Ponction de la vessie ou cathétérisme (pour rétention aiguë d'urine). 60
Méatotomie (avec suture de la muqueuse uréthrale) . . . 50
Séparation des urines avec cathétérisme des urétères . . 200
Lavage ou instillation du bassinet 150
Phimosis cicatriciel 150
Electrolyse des rétrécissements de l'urèthre (en une ou plusieurs séances. 200
Uréthrotomie externe, avec taille hypogastrique 1.000
Uréthrotomie externe, avec taille hypogastrique et restauration de l'urètre. 1.200
Chaque séance ultérieure opératoire 400
Hydrocèle : ponction avec injection modificatrice . . . 100
Cure radicale. 200
Epididymectomie 300
Cure radicale de varicocèle 300
Ouverture d'abcès périnéaux (cowpérite) 200
Abcès de la prostate (ouverture périnéale). 300
Prostatectomie 1.200
Spermatocystectomie 1.200
Cystotomie ou cystostomie 800
Traitement endovésical des tumeurs (galvano-cautérisation diathermie), par séance 200
Extirpation des tumeurs de la vessie après taille hypogastrique 1 000
Lithrotritie ou extraction des calculs par taille hypogastrique 1.000
Phlegmon périnéphrétique 400
Décapsulation rénale 800
Néphropexie. 800
Néphrotomie ou néphrostomie 800
Néphrolithotomie 1.000
Urétérotomie. 1.000
Néphrectomie 1 000

ART. 76. — *Ophtalmologie.*

Consutation comprenant la mise en œuvre des instruments usuels de diagnostic spécial, le pensement, les lavages et installations de collyre. 20

Opérations simples de petite chirurgie, telles que :

Cathétérisme ou irrigation des voies lacrymales . . 20
Injection sous-conjectivale. 20
Ouverture d'abcès superficiel de la région palpébrale. 20
Suture de plaie simple, un ou deux points 20
Chauffage par l'air chaud. Pulvérisation 20

Opérations de petite chirurgie, telles que :

Pansement de vaste plaie de la région orbitofaciale . 30
Saignée dans la région périorbitaire 30

Extraction d'un corps étranger fixée sur la cornée, la conjective ou sous-conjectival.	30
Ouverture du sac lacrymal	30
Opération de petite chirurgie, telles que :	
Scarification conjectivale	30
Séance d'électrisation	30
Petites opérations telles que :	
Péritomie	100
Paracentèse, kératotomie	100
Cautérisation de la cornée pour ulcère infectieux (en une ou plusieurs séances)	100
Ponction du globe	100
Tatouage de la cornée	100
Opération de la glande lacrymale accessoire. . . .	100
Application diagnostique de l'électro-aimant à la recherche d'un corps étranger intraoculaire . . .	100
Petite opération, telle que :	
Chalazion	100
Opérations de moyenne importance, telles que :	
Hernie de l'Iris	150
Electrolyse lacrymale ou ciliaire.	150
Extraction d'un corps étranger des parties molles (œil ou orbite non compris)	150
Suture de plaie étendue ou compliquée (paupières et globe).	200
Recouvrement conjectival.	200
Ptérygion	200
Opération sur le sac ou la glande lacrymale	200
Phlegmon de l'orbite	200
Péricautérisation (en une ou plusieurs séances)	200
Cautérisation de granulations (en une ou plusieurs séances)	200
Opérations importantes, telles que :	
Libération de cicatrices palpébrables	300
Protection de la cornée par autoplastie conjectivale ou occlusion chirurgicale des paupières	300
Brossage ou expression des granulations accompagnées de pannus	500
Iridectomie.	300
Cataracte simple ou avec iridectomie	300
Cataracte secondaire	300
Corps étranger intraoculaire du segment intérieur. .	300
Enucléation	300
Exentération du globe	300
Eviscération	300
Ectropion ou entropion	300
Ptosis	300

Opération sur les muscles de l'œil	300
Extirpation du sac lacrymal dans un tissu cicatriciel	500
Opération plastique des paupières	500
Cataracte traumatique	500
Capsulotomie ou capsulectomie	500

Opération très importantes, telles que :

Opérations antiglaucomateuses (sans trépanation)	600
Résection de nerfs de l'orbite	600
Amputation du segment antérieur, ou opération plastique du globe en vue de la prothèse	600
Corps étranger du vitré	600
Opération intraorbitaire	6C0
Trépanation du globe	800
Réfection complète des paupières	800
Libération et réfection du cul-de-sac conjectival	800

Art. 77. — *Oto-rhino laringologie.*

La consultation comprend :

Cathétérisme de la trompe Badigeon rétro-pharyngien Cautérisation, pointes de feu Transillumination des sinus Insensibilisation	20

Naso-pharynx et pharynx.

Ouverture d'abcès ou kyste de l'amygdale	60
Ablation de la luette	60
Ablation des végétations adénoïtes	150
Ablation des amygdales	150
Ablation en une séance des végétations et amygdales	300
Ablation de l'amygdale linguale	150
Urano-staphylorraphie complète	800
Urano-staphylorraphie partielle	400
Libération de brides cicatricielles	200

Nez et sinus

Epistaxis nécessitant un tamponnement spécial	30
Epistaxis grave nécessitant l'intervention d'un spécialiste	60
Corps étranger des fosses nasales par traumatisme	100
Corps étrangers des fosses nasales par voie naturelles	30
Cornétomie	125
Crête de la cloison	100
Résection sous-muqueuse et plastique	300
Cure radicale des polypes muqueux	510
Kystes paradentaires	400

Résection des synéchies :

a) Parties molles	150
b) Ostéo-Cartilagineuses	400

Ponction exploratrice du sinus maxilliaire	30
Cure radicale de sinusite maxillaire	300
Cure radicale de sinusite frontale	300
Cure radicale de sinusite fronto-maxillaire	400
Cure radicale d'ethmoïdite suppurée	200
Trépanation du sinus maxillaire et esthétique	350
Trépanation du sinus frontale et esthétique	350

Oreilles.

Examen de l'audition	50
Examen labyrinthique avec rapport	80
Corps étranger simple	30
Corps étranger compliqué avec anesthésie générale	150
Paraconthèse d'un tympan	60
Polypes de l'oreille avec curettage de la caisse	150
Ablation des osselets par voie naturelle	200
Trépanation simple de la mastoïde	400
Evidement patro-mastoïdien	500

Complication de la mastoïdite.

Trombophlébite du sinus latéral majoration	400
Abcès extra dural majoration	400
Abcès du cerveau majoration	600
Ligature de la jugulaire majoration	200

Larynx, œsophage, trachée, bronches.

Galvanocautérisation.

Première séance	50
Les autres	25
Trachéotomie	300
Laryngotomie	500
Laryngectomie	1.000
Bronchoscopie supérieure	200
Broncoscopie inférieure (trachéotomie comprise)	500
Polypes du larynx, cure radicale	400
Sténose cicatricielle, dilatation, la séance	50

Sidération de laryngé et du trijumeau, par injection modificatrice :

La première	60
Les autres	40

Corps étranger et rétrécissement de l'œsophage :

Panier de Graeffe	50
Œsophagoscopie simple avec dilatation	200
Œsophagoscopie avec extraction	800
Œsophagotomie externe	800

Art. 78. — *Stomatologie.*

Consultation comprenant l'emploi des instruments usuels de diagnostic spécial	20
Extraction de dent avec anesthésie	10
Détartrage	10
Obturation simple (carie non perforante)	15
Obturation compliquée (carie perforante)	30
Cassure simple d'un appareil vulcanite	10
Cassure simple d'un appareil en métal non précieux	20
Dents à replacer sur vulcanite, la dent	10
Dents à replacer sur métal non précieux, la dent	20
Remplacer un crochet en métal non précieux	10

Confection d'un appareil en vulcanite :

Pour la plaque	50
En plus par dent	20

Confection d'un appareil en métal non précieux :

Pour la plaque	100
En plus par dent	30
Dent contreplaquée sur vulcanite, l'une	20
Dent contreplaquée sur métal non précieux, l'une	30

Art. 79. — *Kinésithérapie.*

(Séance de massage et de mobilisation, ou de mécanothérapie, ou d'air chaud nécessitant l'intervention d'un spécialiste kinésithérapeute) :

Par séance au cabinet du médecin ou au domicile du malade	15

Art. 80. — *Radiologie.*

1° *Radiographie.*

Doigts (un ou plusieurs :

De face et de profil	25
Main face ou profil	40
De face et de profil	50
Poignet face ou profil	40
De face et de profil	50
Avant-bras, face ou profil	40
De face et de profil	60
Coude face ou profil	50
De face et de profil	75
Diaphyse humérale face ou profil	50
De face et de profil	75
Epaule ou clavicule	75
Epaule de profil	120
Crâne face ou profil	100

Crâne, face et profil	150
Maxillaire inférieur	80
Hémi-thorax (côtes ou omoplate)	100

Dents (méthode intra-buccale) :

Premier plaque	40
Chaque plaque supplémentaire	20

Orteils (un ou plusieurs) :

De face et de profil	25
Pied face ou profil	40
De face et de profil	50
Cou-de-pied face ou profil	50
De face et de profil	60
Jambe face ou profil	50
De face et de profil	60
Genou face ou profil	60
De face et de profil	90
Diaphyse fémorale face ou profil	60
De face et de profil	90
Hanche	90
Hanche de profil	120
Rachis cervical face ou profit	80
De face et de profil	120
Rachis dorsal ou lombaire face ou profit	100
Face et profil	200
Rachis en entier de face	200
De profil	300
Sacrum	100
Bassin	120

2° *Radiographies stéréoscopiques.*

Le double d'un cliché ordinaire.

3° *Examens radioscopiques pour localisation des corps étrangers.*

Bras ou jambes	50
Tête	60
Thorax	60
Abdomen	60

4° *Radiodiagnostic des viscères.*

Poumons, examen à l'écran	60
Avec calque	80
Avec une radiographie	120
Cœur, aorte, examen à l'écran	60
Avec calque	90
Avec une téléradiographie	120
Avec deux téléradiographies	200

Œsophage ou estomac :

Examen à l'écran	60
Avec calque	80
Avec une radiographie	120

Estomac avec étude de l'évacuation quel que soit le nombre des séances :

Examen à l'écran	120
Avec calque	150
Avec radiographie	200
Intestin (lavement opaque), examen à l'écran	100
Avec calque	120
Avec une radiographie	150
Intestin (après repas opaque pour l'étude de l'évacuation quelque soit le nombre des séances), examen à l'écran	120
Avec calque	150
Avec radiographie	200
Tube digestif complet, examen à l'écran	200
Avec calque	240
Avec radiographie	300
Pneumopéritoine, examen à l'écran	600
Avec une ou plusieurs radiographies	800
Foie (après préparations spéciales), examen à l'écran	80
Avec calque	100
Avec une radiographie	120

Appareil urinaire :

Vessie	100
1 rein	100
2 reins	150
1 uretère	100
2 uretères	150
1 rein, 1 uretère, la vessie	200
Le système complet	300

Insufflation périrénale, méthode de Carreli :

1 rein avec un ou plusieurs clichés	400
2 reins avec un ou plusieurs clichés	800

5° *Observations*

Toute exploration radiologique doit être accompagnée d'un commentaire détaillé :

Si la région à radiographier est entourée d'un appareil plâtré, il sera perçu une somme de 20 francs en rémunération de l'augmentation de la durée de la radiographie et de la difficulté d'obtenir un bon cliché dès la première pose.

Ces prix s'entendent pour un seul cliché de la région et une épreuve Chaque épreuve en plus sera comptée : 18 24, 6 francs ; 24/30, 8 francs ; 30/40, 10 francs

Toutes autres radiographies de la même région, prises le même jour dans une autre position, seront comptées chacune seulement 75 p 100 du prix d'une seule pose De même la radiographie de la même région du côté sain, si elle était nécessaire pour comparaison, serait comptée seulement à 75 p. 100.

6° *Séance de radiothérapie.*

Radiothérapie (au domicile du médecin) quel que soit le nombre des séances, chaque 30
Radiothérapie pénétrante avec appareil de 200.000 volts pour le traitement des tumeurs jusqu'à cinq heures d'application en une ou plusieurs séances. 1.500
Chaque heure supplémentaire 300

7° *Radiologie au domicile du malade*

Toute application radiologique, au domicile du malade, sera tarifiée :

1° Le prix ordinaire de ou des examens ;
2° Une indemnité de déplacement de 50 francs ;
3° Le taux du prix de location des appareils au jour de l'examen.

Au 1er septembre 1922, le prix de location est de 200 francs pour une demi-journée

Au cas où cette application devrait avoir lieu en dehors de la ville habitée par le médecin, l'autorisation préalable devrait en être demandée à la commission de contrôle Dans ce cas, il serait accordé un supplément d'indemnité basé sur la distance et la difficulté plus ou moins grande de transports

8° *Electrodiagnostic.*

Examen electrodiagnostic complet avec rapport sur cet examen seul 40

Ce prix comprend l'examen du membre blessé et la comparaison avec le membre sain ou l'examen des deux membres semblables ou l'examen de la face.

Ce prix sera doublé s'il est nécessaire d'examiner un bras (ou les deux bras) et la face, une jambe (ou les deux jambes) et la face ; un bras (ou les deux bras) et une jambe (ou les deux jambes) Il sera triplé s'il fallait examiner le sujet tout entier.

9° *Electrothérapie* (1).

Traitement électrique par un spécialiste, quel que soit le nombre des séances à son cabinet, chaque 12

Ce prix sera augmenté de 6 francs, si l'on est obligé de soigner séparément deux régions différentes, de 12 francs pour trois régions, etc.

Traitement électrique par un spécialiste, quel que soit le nombre des séances, les prix ci-dessus, plus une indemnité de déplacement de 8

Ce prix sera augmenté de 6 francs si l'on est obligé de soigner séparément deux régions différentes, de 12 francs pour trois régions, etc.

---

(1) On entendra arbitrairement par regions differentes :
1° La face ;
2° Les membres supérieurs ;
3° Le tronc ;
4° Les membres inférieurs.

Traitement comprenant l'électrisation complète du corps comme : électricité statique, courant de Morton, haute fréquence, etc , chaque 15
Traitemement électrique plus particulier (acuponcture électrolytique simple) au cabinet du médecin, chaque. . 20
Electrolyse du rectum, de l'œsophage 150
Lavement électrique au domicile du malade 200

10° *Tarif de radiumthérapie.*

Le centigramme journée 40

11° *Tarif des rayons ultra-violets*

Application des rayons ultra-violets, par séance 15

TITRE IV

Frais de voyage et de transport

CHAPITRE Ier.

FRAIS DE VOYAGE DES HOSPITALISÉS.

Art. 81. — *Tout bénéficiaire de l'article 64 de la loi du 31 mars 1919 faisant l'objet d'un ordre d'hospitalisation au titre dudit article a droit au transport gratuit entre la localité où il réside et celle dans laquelle se trouve l'établissement désigné pour le recevoir dans les conditions prévues aux articles 20 et 21.*

Art. 82. — Si le malade fait l'avance des frais de voyage, il en est remboursé sur demande adressée à la commission de contrôle départementale qui a autorisé l'hospitalisation. Cette demande doit être accompagnée des pièces justificatives nécessaires (récépissé du billet de chemin de fer à demander à la gare d'arrivée, ticket de récépissé de voiture publique, facture acquittée du loueur de voiture).

Après vérification, la commission de contrôle arrête le montant de la somme à mandater et notifie sa décision au Préfet ainsi qu'à l'intéressé.

Art. 83. — Si le malade n'est pas en mesure de faire l'avance des frais de voyage, il le signale au Préfet qui lui adresse sans délai un mandat de payement payable à vue représentant les frais du voyage à l'aller. Dans le cas où le voyage n'a pas lieu, les sommes avancées sont récupérées sur la partie prenante.

Art. 84. — A la sortie de l'hôpital ou du sanatorium, les

demandes de remboursement ou d'avances des frais de voyage sont visées par le gestionnaire de l'établissement. Toutefois, si l'intéressé n'est pas en mesure de faire l'avance des frais de retour et que l'établissement traitant ne se trouve pas dans le même département que le domicile du malade, la demande est exceptionnellement adressée au Préfet du département où se trouve l'hôpital ou l'établissement traitant et il est procédé comme à l'article précédent.

Art. 85. — Au cas du déplacement par voie ferrée, la somme à mandater est le prix du billet de 2e classe, déduction faite, le cas échéant, de la réduction dont l'intéressé bénéficie du fait de son degré d'invalidité.

Au cas de déplacement par voie de terre, la somme à mandater est décomptée d'après le tarif des voitures publiques ; s'il n'existe pas de service régulier de voitures publiques, la somme à mandater pour la location d'une voiture particulière et décomptée d'après les arrêtés pris en vertu de l'article 64 ci-dessus.

CHAPITRE II.

FRAIS DE TRANSPORT EN CAS DE DÉCÈS.

Art. 86. — Au cas de décès du malade dans l'établissement hospitalier qui l'a reçu, la veuve, les ascendants et descendants du premier et du deuxième degré et, à leur défaut, les frères et sœurs du décédé dans l'ordre résultant de l'énumération ci-dessus, ont droit sur leur demande au transfert gratuit du corps, de l'hôpital au domicile.

Art. 87. — La demande de transfert gratuit du corps doit être adressée au Préfet du département dans lequel a eu lieu le décès et comporter les indications suivantes :

Nom, prénoms et adresse du demandeur :

Degré de parenté avec le décédé :

Nom, prénoms du décédé ;

Date du décès ;

Certificat du médecin traitant constatant que le décès est bien dû aux accidents ou complications de la blessure ou de la maladie qui a motivé la pension ;

Nom et adresse de l'établissement où est survenu le décès ;

Lieu pour lequel le transfert est demandé (commune, département).

Sur le vu de cette demande et la constatation de sa régularité, le Préfet donne par écrit au gestionnaire de l'établissement hospitalier indiqué, l'ordre de faire effectuer le transfert.

Art. 88. — Les demandes de transfert doivent être formulées sans délai dès la réception de l'avis de décès. A titre exceptionnel, en ce qui concerne les bénéficiaires de l'article 64, décédés depuis le 1er janvier 1921 dans les conditions ouvrant droit au transfert, les demandes seront accueillies pendant un délai de trois mois à dater de la publication du présent décret.

Art. 89. — Si le Préfet estime que les frais de transfert du corps ne doivent pas être mis à la charge de l'Etat au titre de l'article 64 de la loi du 31 mars 1919, il en avise immédiatement la famille et l'administration de l'hôpital.

Art. 90. — Les frais à mettre à la charge de l'Etat comprennent exclusivement :

1° Fournitures d'un suaire ;

2° Fournitures d'un cercueil répondant aux conditions prescrites par le décret du 13 avril 1919 ;

3° Mise en bière ;

4° Transfert du corps de l'hôpital à la gare ;

5° Transfert par voie ferrée ;

6° Transfert de la gare destinataire au domicile.

A titre exceptionnel, en ce qui concerne les bénéficiaires de l'article 64, décédés entre le 1er janvier 1921 et la date de publication du présent décret, les frais à mettre à la charge de l'Etat comprendront en sus des frais ci-dessus mentionnés :

a) L'exhumation ;

b) Le transfert du cimetière d'exhumation à la gare de départ.

Le tarif à adopter est celui de la classe la moins élevée d'après le tarif du concessionnaire local des pompes funèbres.

Art. 91. — Si le gestionnaire de l'établissement hospitalier ne peut pas faire l'avance des fonds, il envoie d'urgence à la préfecture un bordereau détaillé, en double exemplaire, des sommes nécessaires pour assurer le payement du transfert. Sur le vu de ce bordereau arrêté en toutes lettres, daté et signé par le gestionnaire et le directeur de l'établissement, le Préfet mandate au bénéfice du gestionnaire le montant du bordereau.

Dès que le service a été assuré, le gestionnaire remet à la préfecture les pièces justificatives des dépenses effectuées ; ces pièces jointes à un exemplaire du bordereau visé ci-dessus, sont immédiatement adressées par la préfecture à l'agent du Trésor, pour être remises à l'appui du mandat payé par ses soins.

Art. 92. — Si le gestionnaire a fait l'avance des sommes nécessaires pour l'exécution du transfert, il en est remboursé par les soins du Préfet sur production d'un bordereau détaillé des dépenses effectuées, établi en double exemplaire comme il est dit ci-dessus, et accompagné des pièces justificatives. Dès la réception de ces documents, le Préfet fait mandater à l'ordre du gestionnaire le montant des sommes qui doivent lui être remboursées.

TITRE V.

Dispositions diverses.

ART. 93. — Les tarifs du présent décret prévus par les articles 74 et 80 seront appliqués à partir du 22 juillet 1922, date de la promulgation de la loi du 21 juillet 1922.

ART. 94. — Les attributions dévolues aux préfets, par le présent décret sont conférées dans les colonies et pays de protectorat aux gouverneurs et résidents généraux. Les attributions dévolues aux maires sont conférées aux administrateurs contrôleurs civils ou à l'autorité administrative similaire.

ART. 95. — Sont abrogés en ce qu'ils ont de contraire aux dispositions du présent décret, les textes énumérés ci-après :

Titres 1er et III du décret du 26 septembre 1919 ;

Décrets des 9 mars 1921, 18 juillet 1921, 25 mars 1922 ;

L'instruction du 4 mai 1921, modifiée par celle du 12 août 1921.

L'arrêté du 6 juin 1921.

ART. 96 — Le ministre de la Guerre et des Pensions et le ministre des Finances sont chargés, chacun en ce qui les concerne, de l'exécution du présent décret qui sera publié au *Journal Officiel* et inséré au *Bulletin des Lois*.

www.ingramcontent.com/pod-product-compliance
Ingram Content Group UK Ltd.
Pitfield, Milton Keynes, MK11 3LW, UK
UKHW022004260726
13994UKWH00004B/1945